Hellmuth Opitz · Die Dunkelheit knistert wie Kandis

Diese Gedichte beherrschen souverän verschiedene Tonlagen: das rhythmisierte Sprechen in tradierten Formen ebenso wie das saloppe Parlando im erzählerischen Duktus. Die Realität ist die Reibefläche, an der sich ihre poetischen Funken entzünden, sie beziehen ihre Impulse aber auch aus zeitgenössischer Musik, ebenso aus dem Film. Denn es sind Gedichte voller Bilder, die im wahrsten Sinne des Wortes einleuchten – und das auf Anhieb. Macht sie das verdächtig? Vielleicht. Aber wenn, dann nur der Schönheit wegen. Es stimmt auch hier: Im Einfachen steckt die wahre Raffinesse.

„… *ein kluger Vertreter des poetischen Realismus.*"
Michael Braun „Deutschlandradio"

Zum Tee wurden feinste
Schneebemerkungen gereicht

It is January, and I'm wide awake.

Catherine MacLellan: „January Song"

Die Zeit zwischen den Jahren

Tage, die nicht leben wollen und nicht sterben,
die zerrieben werden zwischen Bäuchen und Bräuchen,
die letzten Krümel Licht in den Auslagen früher
Nachmittage, enttäuschte Gesichter, vom Umtausch
ausgeschlossen, Tage, in denen Einkaufswagen
herumstehen, die niemand zurückbringt,
der Bahnhofsvorplatz ein Teller Milchreis mit Zimt,
die Streufahrzeuge kommen kaum durch,
Tage, aus denen jede Erwartung, jeder Glanz gewichen
ist, die letzten Fäden Lametta in den Zweigen der ersten
entsorgten Tannenbäume, Tage in Auflösung, wie alles
sich auflöst, was niemand gehört, abgerissene Zeit,
gegen die nichts hilft, nur der Trost von Berber Relax,
dem türkischen Friseursalon, aus dem jetzt gerade
einer auf die Straße tritt, zehn Jahre jünger,
den Nacken ausrasiert, die Zierleiste der Bartstoppeln
exakt geschnitten, tritt er hinaus, ein wenig Ordnung
in die Wildnis zu tragen und als er den Mantelkragen
hochschlägt, dreht er sich um, wirft einen Blick zurück
auf den Mann, der er eben noch war.

Das war ein böses Jahr

Schon wie es durch die Türe kam
und uns gleich als Geiseln nahm
im Schlitz der Sturmhaube
ein Furcht erregend starrer Blick

dicht wie nach einem harten Joint.
Es nahm sich einfach einen Freund
beim Fußballspielen mit
und brachte ihn nicht mehr zurück.

Versetzte Mutter ein paar Schocks,
sperrte sie in eine Box
mit Atemloch und sprach
dann höhnisch von Altersglück.

Am Ende ging es nur um Geld,
es hat sich fordernd aufgestellt,
uns beinahe ruiniert
und ist dann fortgegangen.

Nun haben wir dies Jahr geschafft,
es sitzt hier in Einzelhaft,
an einer Sekt-Perlschnur
wird es heut' aufgehangen.

Ins Ungewisse

Neujahrsmorgen
und als wolle niemand
die frisch angebrochene Zeit
mit seiner Anwesenheit behelligen,
so leer gefegt die Straßen, so grau
gefugt die Kacheln des Himmels.

Jeder Blick nach draußen
gleitet daran ab oder bleibt
hängen an den Stromleitungen
wie diese Handvoll Krähen,
hingeworfene Noten auf Linien,
Präludium des Ungewissen.

Gegen Nachmittag setzt Schneefall ein
und noch immer niemand draußen,
nur die Wünsche von gestern,
hochgeschossen Punkt Mitternacht,
haltlos schwirren sie herum
in der verschorften Schneeluft.

Noch immer unbetreten die Wege,
noch immer betretenes Schweigen,
niemand, der das neue Jahr auffordert
zwischen all den tanzenden Flocken
nur gute Vorsätze, die keinen Eindruck
hinterlassen. Nicht den geringsten.

Winterwartungsarbeiten

Zum Tee wurden
feinste Schneebemerkungen gereicht:
großer Gleichmacher
                    Bleichmacher
                              Weichmacher,
aus allen Ecken wehten Namen hinzu,
die um Landschaftsgestaltung kreisten,
Demokratie und andere Betäubungsmittel,
während draußen Menschen umhertrieben
in wattierten Mänteln wie Luftkissenboote
mit Motorschaden. Die Autos hatten
längst auf Kiemenatmung umgestellt
dicht am gewundenen Flusslauf der Straße,
die Kühlergrills voller Eiszapfen
lauerten sie: Welse in stillen Buchten.

Madrigal

Die Kathedrale dieses Wintermorgens betreten,
aufschauen zur Empore schneebestäubter Bäume.

Eiszapfen wie Orgelpfeifen,
der Nordost zieht alle Register.

Mit den Augen Krähen folgen,
den verwischten, flüchtigen Kajal-Strichen ihrer Flüge.

Ein Kopfschmerz füllt diesen Raum aus, klar wie
die Kopfstimme dieses Sängers, der ein Lied singt,

das nicht im Gesangbuch steht, ein Lied
mit dem Refrain: Oh mein Gott, Charles Darwin.

Die Stimme so hoch, es ist zum Niederknien,
und fragte mich jetzt jemand im Krähenschwarz

des Talars, ob ich ein Glaubender sei,
ich würde sagen: Heute morgen ja.

Weiße Metaphysik

In Erwartung des neuesten Neuschnees fuhren wir die
Anhöhe hinauf. Vor einer Woche noch waren dies
Pferdekoppeln gewesen, nun trug das ganze Land
weiße Weste, jedenfalls:

Die Weidezäune konnten so viel Unschuld
nicht halten, den Nebel schon gar nicht,
der herunterwallte von den bewaldeten Hängen.

Wir hätten über Windschneisen reden können,
Verwehungen, Kältebrücken, doch da fragtest du:
Ist nicht der Schnee die Fortsetzung des Himmels
mit anderen Mitteln?

Als wär's nicht schwer genug gewesen, den Weg
zu ertasten, musstest du diese Frage stellen,
ganz altes Thema, und prompt schwebten
wie aufgewirbelte Staubflusen die ersten Flocken herein.

Und dann begann das große Verschwimmen: Als eine
Scheune am Wegrand vorbeitrieb, schaute ich hoch
und wirklich ging ihr Dachfirst nahtlos in Dunst über.

Die Grenze war aufgehoben zwischen Himmel und Erde,
zwischen Wirklichkeit und Möglichkeit, zwischen der
Frische des Eindrucks und der Abgenutztheit dieses Bildes.

Die langen Winter
überzogen den Kredit des April
mit weißen Spannbettlaken
Schneeschauer um Schneeschauer
abgebucht von der Geduld
des Frühjahrs und wir
tief in den blauen Zahlen
des Thermometers schauten auf
zum Himmel wo die
Schönschrift der Schwäne
immer mehr an Linie verlor
und nach Süden hin verschmierte
selbst die Liebespaare für die es
eigentlich höchste Zeit war
standen verwirrt an den Haltestellen
die Hände in den Taschen
des jeweils andern erschwert
vom Frost die Forschungsarbeiten
vierzehnjähriger Zungen und
wenn wir nur dicht genug
vorbeigingen konnten
wir es hören: dieses Tickern
der in ihrem Innern wie irre
kreiselnden Kompassnadeln.

Fassungen. Fassaden

Als der Winter mit uns fertig war,
stieß er uns hinaus
ins schmerzende Märzlicht,
durch das wir jetzt waten, knietief
in diensthabenden Donnerstagen,
im Innersten verwahrlost
wie die Schneereste
im äußersten Winkel des Gartens.

Sieh uns an, wie wir herumstehen
am Rand dieser vom Frost
aufgetackerten Straße,
unsere Gesichter arbeiten doch
Vollzeit in der Verwaltung
unserer Verzweiflung, selbst die sonst
durch nichts zu unterbrechende
Kühlkette deiner Blicke: abgerissen.

Etwas Flehendes ist aufgezogen
über deinen Augenbrauen,
die Mundwinkel zucken
und ich bin sicher: Würde
irgendjemand dich anpusten
in diesem Moment,
dein Antlitz flöge auseinander
wie ein Schwarm Fledermäuse.

Dein Fair-Trade-Lächeln
hast du gehisst, doch
gegen was willst du es tauschen?
Ich hab' genug damit zu tun,
jeden Morgen mein Gesicht
zurück in die Zivilisation zu stemmen:
Der stumpfe Ausdruck meiner Augen
ist alles, was ich geben kann.

Gegenüberstellung

Der Mann, der in der Reihe steht.
In einer Reihe steht mit anderen Männern,
steht er als Nummer vier aufgereiht
mit diesen Männern, die dort stehen wie
Teilnehmer eines Ähnlichkeitswettbewerbs,
so stehen sie da in einem Raum vor einer Wand
in einer Reihe stehen sie und starren
auf die Scheibe in der Mitte dieser Wand,
die aus Glas ist, einseitig durchschaubar,
eine Scheibe also, die diese Reihe
widerspiegelt, und hinter diesem Spiegel
eine Frau, die kein Mann sehen kann,
die ihrerseits nun diese Reihe anschaut,
mustert: Mann für Mann.

Der Mann, der aus der Reihe tritt,
sich vor die Scheibe stellt, der darauf zeigt
und auf die Frau, die er nicht sehen kann,
der dennoch auf sie zeigt und sagt: Die ist es.

Es sind schon aus weniger Gründen
Herzen geschlagen worden

Stand up straight at the foot of your love
I'll lift my shirt up

The National: „Bloodbuzz, Ohio"

Vom Verlieren einer Schönheit, die nichts von sich weiß

Anmut, sagt sie verwundert, legt den Kopf schräg,
Ohrringe beben nach aus blauem Plastik und
so groß, dass Papageien darin turnen könnten.

Und wieder: Anmut. Mit den Lippen hebt sie
das Wort auf – ein verwunschenes Fundstück –
und heftet es wie einen Button an ihren Jargon.

Anmut: Schönheit, die nichts von sich weiß,
längst vergessenes Zauberwort, das einst
ein Gesicht in ein Antlitz verwandeln konnte.

Antlitz, sagt sie lachend, schüttelt den Kopf,
dass die Ohrringe fliegen und klimpern,
das sanfte Nachplappern von Haut und Haar.

Die Vereinigten Staaten von Susanna

Im Sommer sechsundsiebzig war die Luft

    flüssiges Glas

        das Kreischen vom Sprungturm

drang kaum zu uns durch

  wir lebten auf zwei Quadratmeter Frottee

    meine Finger machten gerade

      einen Ausflug

  nördlich der Bikinizone

da hielt sie kichernd inne:

        diese kitzlige Stelle dort

  sei ihr Sonnengeflecht.

Ich hatte das noch nie gehört

  Sonnengeflecht

das waren für mich

die flirrenden Lichtflecken

auf der Wiese gewesen

wenn die Sonne durch die Pappeln schien

und die getüpfelten Nachmittage

sich darunter dehnten

wie Leopardinnen nach dem Schlaf

ich lernte viel hinzu

in jenem überbelichteten Juli.

Einen Monat später ging sie als

Austauschschülerin nach Havana, Illinois

meine Finger wollten noch

rasch auf einen Trip

in die Südstaaten

sie erteilte keinen Passierschein

doch in ihren Augenwinkeln

schmuggelte sie ein Lächeln

und wie ihr Haar meine Hände

darüber hinwegtröstete

nichts weiter tun zu können.

Unschärferelation

Die Unschärfe ist die Schwester der
Liebe, auch so eine deiner Theorien:
Wenn wir einander küssen,
verschwimmt das Gegenüber,
während unsere Zungen
die Beweiskraft anzweifeln.

Aber irgendwas ist dran:
Ich schaue dir beim Schlafen zu
und seh genau, wie von der
Kante deines Schlüsselbeins
ein kleiner Keil Gänse
Haut hinab zu deinen Brüsten fliegt.

Fingerkuppenflug im Weltraum zwischen deinen Schulterblättern

Wie deine Nacktheit mich noch immer entwaffnet.
Alleine deine Muttermale: Neun Planeten, aufgereiht
am weißen Firmament der Haut, ja, der Jupiter
hat auch bei dir seine kleinen Monde, die überm Berg
Rücken stehn, dem Gebirgszug deiner Wirbel, die Linien
hinab ins Heilige Land: ilio-sakral. Die Magnetfelder,
das Meer der Ruhe und mittendrin: eine Narbe, kurz und
senkrecht wie ein Kleingeldschlitz. Hier hat einst ein
Schmerz seine Münzen eingeworfen, eine Einzahlung
auf das Konto deiner inneren Nacktheit. Ich fliege sie
entlang und weiter hoch bis zu den Flanken. Da kommt
dein Teilchenbeschleuniger in Gang, Nanopartikel
eines Lächelns, die festmachen an den kleinen Fältchen
rund um deine Augen, als du sagst: Das kitzelt.

Rasche Handbewegung

Schnell vergeben.
                         Langsam küssen.
Merksätze, die ein Liebesleben lang halten,
nur übertroffen von Augenblicken wie diesem:
die rasche Handbewegung, mit der du dir
immer dein Top über den Kopf zogst und
wie oft du hängen bliebst mit deinem Haar,
während darunter schon dieses Hervorpurzeln
im Gange war: ping pong! – diese kleinen
Unverschämtheiten gegenüber großen Gelehrten:
Yes Sir Isaac Newton, hier stehen wir.
Wir können nicht anders.

Auch heut' noch bin ich topüberkopf verliebt
in diese Geste, wenngleich sie dir jetzt
hastiger von Händen geht, verschämter,
wohl weil du glaubst, Sir Newton hätte heut'
ein kleines Wörtchen mitzureden, eins,
das – wie du sagst – *fluff fluff* lautet.
Ich habe dieses Wort noch nie gehört,
denn ich habe nur Augen für diese
unverfrorenen Spitzen, die du immer noch
loslässt gegen die Zeit, für ihr Aufbegehren,
das Nachbeben der Schönheit.

Und außerdem: Was soll ich mich beschweren?
Ich bin doch selber schwer genug.
Vergiss Newton, nach all den Jahren fallen
doch jetzt ganz andere Dinge ins Gewicht:

Jedes Fältchen, jedes Gramm ist kostbarer
gemeinsam erworbener Besitz.
Also wenn du dir jetzt dein Top
über den Kopf ziehst: Sei unverschämt.
Oder wenn es dir lieber ist
links scheu, rechts frech.
Auf jeden Fall wie gemacht
für Merksätze wie: *siehe oben.*

Vom Kommen. Und Gehen

Nie ein Hotelzimmer zusammengeschrien
wenn es soweit war
nie über Tische und Bänke, nicht wahr
nie auch nur die kleinste Anfeuerung
am Hals des Jockeys
und nie
     nie
       nie
irgendeinem hergelaufenen Liebhaber
den Rücken zerkratzt, nie etwas,
das er hätte vorzeigen können,
die Rallyestreifen des Aufreißers.
Stattdessen nur dieses
kleine
    scharfe
       Fältchen
zwischen den Brauen
geschlossener Augen, dieses
Ausrufezeichen auf der Stirn,
weil sich dahinter Bedeutendes
vorbereitete und wenn es
wirklich
    soweit
       war
nur zwei, drei kurze Klagelaute,
die aufflatterten aus der Kehle,
um ihre Flügel sofort wieder zu falten.
Nein, kein mimischer Aufwand
für die fünf Sekunden

Außer
    sich
        sein.

Method Actress

Was du nicht sagst. Ich bin gerührt.
Der leise Klagelaut an meinem Ohr,
das konzentrierte Fältchen auf der Stirn,
das alles nur für mich?

Das Fingerspreizen. Flüstern. Flattern deiner Lider.
All dieser Aufwand, diese Mimik,
nur, um mich in der Illusion zu wiegen,
ein guter Liebhaber zu sein?

Wenn das nicht Liebe ist,
dann weiß ich auch nicht, Liebes,
dann sag ich nur: da capo,
spiel mir's noch einmal vor.

Komm schon.

Erdbeerstandmädchen

Schau der April, er flaggt schon aus,
die Bäume blättern rasch ihr Brautkleid hin
und alle Ausfallstraßen fangen an zu summen.
Erst jetzt eröffnet sie ihr Lädchen:
Erdbeerstandmädchen. Erdbeerstandmädchen.

Ihr Haar spricht fließend dunkelblond
mit ihren Schultern, die sich leicht bewegen.
Und wie sie aufschaut, wenn sie Wechselgeld abzählt –
ein wolkenloses Strahlen überm Städtchen:
Erdbeerstandmädchen. Erdbeerstandmädchen.

Wenn ich grob wär', würd' ich schwärmen
von ihren Körbchen, prall gefüllt mit Früchten,
die sich am Gaumen sanft zerdrücken lassen.
Im Kopf, da tickert leis' ein Rädchen:
Erdbeerstandmädchen. Erdbeerstandmädchen.

Heut' hält sie ihren Kopf gesenkt,
ein feiner Flaum tanzt ihren Nacken hoch
und voller Neugier schau ich hin: Sie liest ein Buch,
als Lesezeichen dient ein rotes Fädchen:
Was mag es wohl lesen, mein Erdbeerstandmädchen?

„Unterrichtsmodelle nach Klafki".
Mein Gott!
Dann lieber Spargel.

Gedicht mit Schnitt

Wundern Sie sich bitte nicht: Dieses Gedicht
ist einer Friseuse in die Hände gefallen,
einer Hairstylistin mit Missionsauftrag, verstehen Sie,
immer im Dienst der Zivilisation unterwegs,
um Wildwuchs jeder Art zurück zu schneiden,
zu bekehren mit Kämmen, Klammern, Scheren,
sehen Sie, dieses Gedicht hat sich einseifen lassen
von duftendem Shampoo und ihren Fingern,
die seine Schläfen sanft massierten, es hat sich
eben einfach hingegeben, ihren Scherenschmeicheleien,
ihrem Ordnungssinn, der vor dem Kürzen seine
Haarpracht klammerte, in Planquadrate unterteilte
und dann, als die Friseuse kurz einmal sich beugte
über dies Gedicht, da war's momentlang Aug
in Aug mit ihren Brüsten, die, knapp gerafft in
weißem T-Shirt-Stoff, hervorlugten, frech, gar
ein wenig von oben herab, als wollten sie sagen:
Für diesen Anblick kann man wohl ein paar Strähnen
lassen und da hat dies Gedicht, ob Sie's glauben
oder nicht, ausgehungert wie es war, dankbar
für Zuwendung jeder Art, da hat dies Gedicht
den Brüsten mitten ins Gesicht gesagt: Aber bitte
nur die Spitzen. Das hat die Friseuse
gründlich missverstanden und nun schauen Sie sich
dies Gedicht mal an, dessen unbändige Locken
einst über seine Schultern reichten: dies Gedicht,
schöngegelt, blondgetönt, mildgeföhnt,
steht hier herum wie ein Depp. Und das hat es
verdammt noch mal verdient.

Umsteigerterminal

Wie schnell du im Nachhinein gelandet bist
bei übler Nachrede auf unsere Liebe,
wie sanft du sie überführst in deinem Rollenkoffer
zu diesem Stotterwort Verhältnis,
und dass es schwierig gewesen sei. Schwierig.

Meinst du damit den Frontalzusammenstoß
der Worte schwer und langwierig,
ihr Aufeinanderprallen, das ineinander Verkeilte?
Du bist längst weiter, nimmst den erstbesten
Billigflieger zu diesem Bumswort Beziehung.

Manhattan in the meantime

There's a brand new dance craze
sweeping the nation
it's called the funky western civilization.

Tonio K.: „The Funky Western Civilization"

Die Sekretärin von der Lexington Avenue

Berühmt für ihre Anschläge,
dreihundert pro Minute
auf der Luftschreibmaschine,
die fliegenden Hände
in Halbfinger-Handschuhen,
so sitzt sie jeden Morgen pünktlich
an ihrem Platz auf der Fensterbank
eines Hotels Ecke 48. Straße;
wer eine Münze wirft,
für den ruckt ihr Kopf, eifriger noch
als der von einer dieser verdreckten
Tauben auf dem Bürgersteig
unter der schäbigen Strickmütze
und ihre Schultern straffen sich,
gehüllt in etwas, das früher mal
Kamelhaarmantel hieß.
Die Hände huschen jetzt
rascher noch über die Tasten,
Buchstaben fliegen ihr zu, Worte,
das ganze Alphabet des Himmels,
der hupenden Taxis und Satzfetzen
von vorbeipulsierenden Passanten
aufgeschnappt und abgetippt
mit zehn flinken Fingern,
bis sie plötzlich stoppt und
den Bügel auf Anfang schiebt:
Den Kopf geneigt, lauscht sie
dem unhörbaren Diktat
ihrer inneren Stimmen.

For loading and unloading only

Frühnebel, das erste Kühlgel
dieses Sommertags und mit
welch sanften Bewegungen
der Morgen es aufträgt, entlang
der Demarkationslinie, dort,
wo Italien an China grenzt,
also Grand Street, Ecke Lafayette,
wo die Fahrradkuriere schon
um diese Zeit hin- und herschwirr'n,
neonfarbene Insekten mit ihren
Botenstoffen, wo der Grundton
das Summen der Lieferwagen ist –
einer parkt gerade vor dem
chinesischen Lebensmittelladen,
der Fahrer entlädt seine ganze
Zuneigung zur zierlichen Verkäuferin;
über einer Kiste Glasnudelknäuel
verheddern sich ihre Blicke
für einen Moment, dann Fisch
und Meeresfrüchte: eine Kiste
Tiger Prawns auf Eis, dann
Red Snapper, quicklebendige
Wollhandkrabben, dann fährt er
über die Grenze zu Ferrara's,
eine Mandelmilch trinken.
Die Wollhandkrabben winken
ihm nach.

Wendy (im Star Diner)

Nimmt die Bestellung auf:
Toast Rührei Schinken,
Pfannkuchen mit Ahornsirup,
natürlich Kaffee bis zum
Abwinken freundlich
ihr Gesicht ein Übergewicht
an Lächeln, auch wenn
ihr Boss sie anpfeift:
Ihr macht es nichts aus,
weil der Boss, auf den
sie hört in diesem Moment,
davon singt, sie seien
zum Abhau'n geboren,
und weil sie weiß, dass sie
gemeint ist, bewegt sie
die Lippen synchron, denn
er singt ihren Namen,
als habe er das Schild
auf ihrer Schürze gelesen;
Zufälle gibt's, die auf
keiner Karte stehen
und wieder fährt ihr Name
ihr ins Ohr auf dem
Rollsplitt seiner Stimme.

Lower East Side Story

Da draußen auf der Mulberry Street gibt der Regen
heute Abend schon seine dritte Vorstellung,
das Ballett der Tropfen in den Manegen der Pfützen.

Hier drinnen lernen sich zwei kennen.
Sagt sie: Ich heiße Irene. Denkt er:
So heißen doch heute höchstens noch Wirbelstürme.

Da rauscht schon Paolo heran und beginnt
mit der uralten Zeremonie aller italienischen Kellner:
der Demütigung des Mannes in drei Akten.

Erstens große Testosteron-Demo:
Das weiße Hemd unter schwarzer Weste
offen bis zum Mittelscheitel der Brust.

Zweitens ungeteilte Aufmerksamkeit für die Wünsche
der Frau: Prego, Signora und drittens
der Trommelwirbel für das Kunststück:

Den Wein aus einer Höhe von über einem Meter
genau in ihren Kelch zu gießen,
diese wunderbare Präzision,

nicht auszumalen, aus welcher Position
ihr dieser Artist noch einen einschenken könnte.
Sie schlägt die Augen nieder. Der Mann

hat sein Gesicht auf Durchwink-Modus eingestellt.
Sagt: Ich heiße Andrew. Denkt sie:
So heißen doch heute nicht mal mehr Tiefdruckgebiete.

Jeannie zaubert im Beekman Tower

Weißt du noch, es war die 26. Etage:
Als der Kellner uns zu Tisch begleitete
– fast hätte ich ‚beglitt' gesagt –
vorbei an diesem Panoramafenster,
wär ich am liebsten stehn geblieben
und hätte diesen Abend dirigiert,
links das Lichterpizzicato hoher Häuser,
blinkende Büros, die aufgekratzten Wolken
kamen in dunklen Anzügen zu den
Gewitterverhandlungen, tief grummelnde
Kesselpauken und weiter unten,
im Orchestergraben der Avenues,
tobte das Blech.
               Hier drinnen aber
gedämpftes Rasen: Teppiche, der Swing,
Jazzbesen kehrten die üblichen Evergreens
zusammen, aus den Augenwinkeln heraus
ein Blick zum Nebentisch: Dort saß
– ich schaute zwei Mal hin – Barbara Eden,
genau: der Flaschengeist aus dem Fernsehen
der sechziger Jahre, du sagtest etwas wie:
Wer hat die denn rausgelassen nach all
der Zeit? Aber gut sah sie aus an diesem
Abend in ihrem nachtblauen Kostüm,
zwischen sich und ihrem Begleiter nur
diese eine Flasche.
               Und zwei Gläser.
Wie sehr wir uns bemühten, nicht zu oft
hinzuschaun. Wie leicht sie so spielte,

als merke sie nichts. Nur einmal,
nach einem Schluck Wein, kreuzten sich
kurz unsere Blicke: Sie zwinkerte
und augenblicklich fuhr ein Blitz
hernieder, eine leuchtende Schramme
im glitzernden Antlitz der Skyline.

Im Vorübergehen

I

An diesem ungekämmten Morgen
mit seiner Frühstücksluft den
Mittelscheitel Broadway entlang ziehen,
in den Fensternischen bei Starbucks
hocken die Abtaucher vor den
aufgeklappten Austernschalen
ihrer Laptops, schlürfen die ersten Daten.

II

Zwischen den Platanen im Park
am Washington Square balgen sich zwei
fette graue Eichhörnchen um einen Apfel.
Einer filmt das mit dem Handy, seine
Freundin ruft: *„That's what I call big apple."*
Die Eichhörnchen kugeln sich.
Ob vor Lachen, ist nicht zu erkennen.

III

Wie der Presslufthammer seine Strophen
in den Asphalt rappt am Times Square:
Der Bauarbeiter unterbricht, nimmt den
Helm ab, die Kopfhörer, lässt Staub und
Schweiß abziehen. Dann schaut er hinüber
zum elektrischen Laufband, das hier und jetzt
die neuesten Börsenzahlen um die Ecke bringt.

IV

Die Straßenmusikerin an der Bowery mit dem
kurzen schwarzen Haar und dem ochsenblutroten
T-Shirt, auf dem in weißen Lettern
BACK TO THE BOOBS steht.
Zwei Stunden später auf einer Bank
im Battery Park nicht mehr sicher,
ob das nicht ein Lesefehler war.

V

Deutsche Touristen bei Katz' Delicatessen
an der East Houston Ecke Ludlow
– natürlich am Harry & Sally-Tisch.
Sie nickt hoch zum Schild, das über ihnen hängt:
This is the table where Sally had it.
Er schaut sie an, über sein Pastrami-Sandwich
hinweg, zischt nur zwei Worte: Untersteh' dich.

VI

Sein Gesicht hat die Farbe der U-Bahn-Schächte
angenommen. Bart, Haare, Haut & Mantel: ein Ton.
Er starrt vor Dreck und stinkt und streift
sich ab und zu den Ärmel hoch, kratzt
die verschorfte Armbeuge, bis endlich
das Abendrot hervortritt, hier, unter der Erde.
Beim Aussteigen die Durchsage: *Mind the gap.*

VII a

Ein Polizist beruhigt einen Prediger,
der mit wilden Gesten den Weltuntergang
beflügeln möchte: Jedem, der vorübergeht,
ein Kreuz aus Asche auf die Stirn.
Der Cop, zwei Köpfe größer, breitet seine
Arme aus, als wolle er segnen, stillt den
Propheten ab mit einem einz'gen wahren Satz:

VII b

Wer an die nahe Endzeit glaubt, leidet
an Selbstüberschätzung. Er sagt das
wirklich so, während seine Kollegin aus dem
Dunkin' Donuts kommt mit zwei Bechern
Kaffee, ihm eine Weile zuschaut, seine Uniform:
anhimmelblau. Er merkt es nicht und macht
drei Kreuze, als der Prophet von dannen zieht.

Weiter vorn verteilt einer mit Traktaten
Weltanschauung to go

I go armed to the teeth
and I wander the streets
confirming my worst suspicions
lie awake in my bed
disguising my dread
as concern for the human condition.

David Baerwald: „Nobody"

Himmel. Herrgotts Homepage

So oft du auch aufblickst.
So oft du auch draufklickst.
Kein Zeichen. Kein Wunder.

Nicht einmal ein Baustellenschild
mit dem Hinweis: Hier entsteht eine
neue Präsenz Gottes. Und während

im Eisbonbonblau deines Blicks
Glaube, Liebe, Hoffnung absaufen
wie Papierschiffchen, hier draußen

nur Welttauwetter und Stürme, die
den Wäldern die Augenbrauen zupfen
eine Fichte nach der andern.

Und dann wieder der Alltag, der
seinen Bildschirmschoner hochfährt
schwarz wie die Nacht der Gewohnheit.

Glück ist die Sekunde davor
wie du das sagst
mit der gemeißelten Klarheit
dieses Satzes
kann der Nachmittag natürlich
nicht mithalten
durchgrübelt und
durchgraupelt wie er ist
und auch du
die ihn geäußert
fällst stark ab
im Gegenverkehr müder Blicke
deine Seele ein Gewerbegebiet
mit zwei Zubringern
zum Herzen des Pragmatismus
und was da tickert
bei dir
dort
wo andere ihren Takt haben
ist nur ein Kontoauszugsdrucker.

Powerpoint-Karaoke

Dieses Laserpointergefuchtel im Stockfinstern:
Die Krise als Chance begreifen. Sätze von einer
Leuchtkraft, die nicht mal die eigenen Fußspitzen erhellt,
aber bitte: immer federnde Schritte im Schatten zwischen
den Charts, Mundwinkel hochgebogen wie
Erfolgskurven, immer schneidige Gesten, die jeden
Dolmetscher von Körpersprache zum Stottern bringen.
Wie dynamisch doch Handkantenschnitte
die Luft ordnen können!

Es gibt keine Probleme, nur Lösungen in Arbeitskleidung.
Mmm, man schmatzt solche Pralinés aus dem
Poesiealbum der Dienstleistung: *Kundenbindung ist nicht
mehr gefragt, Kundenbegeisterung angesagt.* Wunderbare
Fundstücke aus der Fertigteilsprache des positiven
Denkens, Refrains, mühelos mitzusingen: mobil, flexibel,
innovativ – und jetzt alle Daumen hoch, die Zweifel fix
zurückgegelt. Auf das, was uns zusammenhält: die
Knöpfe unserer Glencheck-Sakkos.

Man stelle sich vor, hier platzierte jemand eine
Subversion. Eine Kurve würde heimlich ausgetauscht
durch eine Gleichung, einen Satz, der breitbeinig
da stünde in der Stille des Raumes:
Die Summe allen Übels ist konstant.
Steckt darin nicht ein ungeheurer Trost?
Leuchtet der Himmel nicht sofort ein Stückchen blauer?
Kann sein. Muss aber nicht. Ich sag nur: Prost.
Er ist von Schopenhauer.

Ist das noch ein Gedicht oder schon eine Freisprechanlage?

Festnetze, sagst du, sind was für Trapezkünstler.
Ich hätte es wissen müssen. Schon wie du mir entgegen
kamst, dachte ich, du seiest verrückt geworden. Wie laut
du vor dich hin sprachst. Erst dann entdeckte ich
das Blaulicht am Ohr. Also baumelst auch du jetzt
am Nervenstrang dieses riesigen Gesprächsmobiles.
Wir gehen ein Stück im Trialog, weiter vorn verteilt
einer mit Traktaten Weltanschauung to go.

Hohe Tiere

I

Ein leichtes Rascheln der Manschetten
dann treten sie auf die Lichtung

Alphatiere beim Get-together
auf der Terrasse des Parkhotels

Visitenkarten ausgespielt wie Trümpfe
hingeschnippte Positionen

zwischen zwei Tassen Kaffee
das Thema Humankapital

streifen im Rudel vereinzelt
Schmalwild in Hosenanzügen

knitterfrei und kühl
Gesichter wie Musterhäuser

im Park rudern Ahornbäume
ins erstbeste Sonnenlicht.

II

Einzigartige Wilder in freier Bildbahn:
Zwei Nadelstreifenhörnchen paaren sich
zu einer Win-Win-Situation
und schon geht's lose-lose.

Die Laute, die sie von sich geben
in aufgebaute Mikrophone:

Als wenn einer seinen Hund ruft
Amboss! und ein Rehpinscher
wieselt aus den Büschen.

III

Und mittendrin auf einmal diese Unruhe,
     die ihn packt beim Anblick des Himmels,
     der heute im Business-Look daherkommt,
     sein hellblaues Button-down-Hemd
     spannt sich unterm Zweireiher aus Wolken
und sofort stellt sich das Gefühl ein,
     underdressed zu sein hier am Strand,
     nur bekleidet mit Badehose und Handy,
     dessen Display das einzig Dunkle bleibt
     an diesem helllichten Tag, weil der Laden
     zuhause auch ohne ihn läuft
und plötzlich dieser unbezähmbare Zwang,
     dort anzurufen und hier, beim Spaziergang
     auf der Sandbank, Sätze zu sagen wie
     Wir müssen hier zwingend initiativ werden,
     ich plane den Roll-out für die 39. KW
und danach wieder: der Roll-out der Wellen,
     der an ihm vorbei läuft, der Werbedruck
     des Windes, der ihn kalt lässt,
     die Wechselkurse einer Stille, die er
     nur wahrnimmt, wenn sie getauscht wird
     gegen die Billigwährung der Silbermöwen
und als dann wie aus dem Nichts
     sein Sohn vor ihm steht mit Eimer, Förmchen
     und Schaufel, gewährt er ihm die Gnade
     eines Spaltweit geöffneten Zeitfensters.

Contenance/Verlust

Als gäb' es ihn nicht: diesen Gesinnungsadel,
    diese BurberryPullunderPersönlichkeiten,
die, nach ihren Vorbildern gefragt,
    immer Nelson Mandela sagen,
als wäre das ein Klischee,
    dieses krachende Lachen
auf dem Stehempfang der Benefizgala,
    wenn die Leistungsträger
mit den Hosenträgern schnalzen
    vor lauter Großzügigkeit und
eingehakt am Arm ihre Goldblondgazellen,
    so zierlich, als gäb es sie nicht,
diese Physiognomie der Besserverdiener,
    vier Kinder bekommen und dennoch
ein Filigranfigürchen wie die Ballerina
    auf einer Spieluhr,
wie leichthändig sie ihre schweren Jeeps
    vor die Schule lenken,
um den Nachwuchs abzuholen, und dann: das Warten,
    anmutig hinter den getönten Scheiben
ihrer riesigen Sonnenbrillen, als wäre das
    selbstverständlich, diese blendende Zukunft,
und wenn jetzt jemand ein Mikrophon
    zum Seitenfenster hinein hielte,
um zu fragen, wie sie das schaffen,
    dieses *Multi-Tasking*, dieses *Mutti-Tasking*
aus Haushalt, Familie und dem Vorsitz von
    Schulpflegschaft und Lions-Club,
und dabei noch so gut auszusehen,

dann würden sie mädchenhaft lächeln,
die Sonnenbrille verwandelte sich zum Haarreif,
und Sätze würden aufsteigen, die man
auf Flaschen ziehen und als Kühlmittel verkaufen könnte:
alles eine Frage des Zeitmanagements,
als läge das klar auf der Hand
wie die schlechte Laune ihrer Kinder;
dagegen hilft ein kühler Wink
zum tschechischen Au-Pair: Pawlina übernimmt,
weitere Zumutungen perlen ab,
rutschen herunter an einer dieser
hochgezogenen Augenbrauen, wunderbar gezupft,
ansonsten eher salopper Dresscode:
Jeans, Tods, Barbour-Jacke
oder was sonst sie für salopp halten;
man nimmt das zur Kenntnis,
als gäbe es nicht dies unbändige Verlangen,
den goldenen Löffel,
mit dem im Mund sie geboren,
ihnen tief in den Hals zu rammen,
als wärst du, als wäre ich
nur einen Deut besser als die.

Offshore

Ja, Panik war es nach dem großen Japankentern,
sie saß uns im Genick beim überstürzten Boote-Entern:
bloß raus aufs Meer, bloß weg vom Land,

vom Festland überzeugter Weltanschauung
mit seiner schwankenden Bebauung,
auf kontinentalem Plattenrand.

Hinaus ins Offene! Wir fühlten uns wie Freie,
begleiteten uns doch ein paar Möwenschreie
bis zum letzten Riff von Kant.

Dann hörten wir uns gegenseitig zu beim Lauschen.
Was navigierte uns? Das Wellenrauschen.
Kein Kompass und auch kein Sextant.

Manchmal entfuhr einem von uns ein Winseln,
Weltbilder trieben längs, aufgeblasene Rettungsinseln:
jetzt aufgegeben, unbemannt.

Der Durst nach Sinn, er wurde stündlich schlimmer.
Wir hielten Kurs, auf was auch immer,
vielleicht auf eine ungeheure Meereswand.

Die Dinge tun einfach ihre Pflicht

Zwölf profane Haushaltsgedichte

Is a sofa happy in one corner
as it is in another
and how does the room feel about it?
I worry about these things.

Godley & Creme: „I Pity Inanimate Objects"

Mein Toaster

Mein Toaster hält sich für was Besseres.
Wie er da steht und vornehm tut,
als sei er Unterhaltungselektronik
und nicht nur Toaster – aus Erfahrung gut.

Ich weiß nicht, ob er sich für einen iPod hält,
so weiß gelackt mit einem Hauch von Edelstahl.
Wie jemand aus dem Musicbusiness, so gibt er sich.
So lässig, cool – ja, fast halb illegal.

Wer kennt den Grund für seinen Größenwahn?
Er kann nicht tanzen, kann nicht singen.
Er ist kein DJ. Doch halt. Ab und zu, da lässt er schon
zwei schwarz gebrannte Scheiben springen.

Der Frühstückstisch bebt vor Erwartung.
Die Marmelade ist gut drauf.
Gleich hallt es wieder durch die Küche:
Jetzt legt MC Toaster auf!

Schnippe, Schneppe, Tülle

Dies zu sagen, sich einzugestehn, Herr Doktor,
fällt mir schwer. Die Wahrheit ist doch unbequem.
Also raus damit, vom Mann zum Manne:
Meine Teekanne, die hat ein urologisches Problem.
Sie ist nicht alt, nicht kostbar, kein Meißener Bohème
trotzdem: Ihr Strahl erreicht nicht mal das Porzellan
der Tasse – Sie verstehn? – er verzweigt sich,
fieselt aus, plätschert schlapp und tröpfelt stark
daneben. Ja eben! Sie werden das aus ihrer Praxis kennen.
Ob meine Teekanne ein Brennen beim Gießen verspürt?
Ich weiß es nicht, ich weiß nur, dass sie ständig
Flüssigkeit verliert.

Nun gut, sie hat da einen kleinen Sprung, vorn an der
Schneppe. Oder heißt es Schnippe? Egal. Als fehlte ihr
ein Stück der Unterlippe, so sieht sie aus. So lispelt sie
den Tee heraus. Verflucht! Alles hab' ich schon versucht,
Herr Doktor, sogar ein Plastikrohrstück hab' ich mir
gekauft, eins, das sich Tülle nennt. Wer diese Art
von Hülle kennt, der kann sich's vorstellen:
dies Drüberstreifen, Nesteln, Kleben. Und ständig
sitzt es schief, dies Möchtegern-Präservativ.
Und das Ergebnis: Auch schnippisch geht's daneben.

Mikrowelle

Mikrowelle
Nahrungsquelle
 auf die Schnelle
eine gut geschopfte Kelle
 Kartoffeln Bratwurst Frikadelle
zack! auf einen tiefen Teller
Mikroweller
 Mikroweller
 ab in die Elektrozelle
 alle Regler volle Kelle
 bis zum Anschlag und anstelle
einer Uhr hilft Zeitgefühl
dann Hitzewelle
und dann plötzlich eine grelle
 Explosion, Dampf wabert über
 Türes Schwelle
Mikrowelle
 Mikrowelle
 und an der Scheibe dieser Zelle
 verlaufen Nahrungsaquarelle
 aus gelbem Brei
und Würstchenpelle
ein rascher Griff in die Parzelle
 mit der explosiven Delle
 Mikrowelle
 Mikrowelle
 und dann heißt es:
auf der Stelle
 und ganz still
 ab in'n Müll!

Aschenbecher von zweifelhafter Vergangenheit

An diesen Nächten bin ich oft zerschellt
und wenn ich heillos trieb
im Bermudaviereck irgendeines Blatts Papier,
da war dieser Aschenbecher mein einziger Halt.

Wie unbeirrbar er da vor mir stand
auf seinem Messingfuß,
darauf die Schale aus Kristallglas-Imitat
und mittendrin ein Engel, der eine Fackel hält.

So klassisch kühl, Design der 30er
und ich stellte mir vor,
wie Albert Speer ihn einst einer Geliebten schenkte,
die ihre Zigaretten rauchte nur mit Spitze.

Man kann es sich eben nicht aussuchen,
was einem Halt gibt, nachts,
schiffbrüchig auf einem Ozean aus uferlosem Weiß:
eine kleine Rettungsinsel aus Messing und Glas.

Ich schaute diesen Aschenbecher an.
Nie habe ich geraucht,
doch es war gut zu wissen, ich hätte jederzeit
wenigstens darin etwas ausdrücken können.

Beschwerde eines Briefbeschwerers

Ich habe Besseres verdient als diesen Ruhesitz
auf Stapeln nutzlosen Papiers,
ich habe wirklich Besseres verdient
bei meiner Herkunft
aus einer der vornehmsten Tonschichten
des mittleren Jura.

Schließlich bin ich ein Ammonit,
eine jener kleinen
Ewigkeitsspiralen, die um
den Kern der Zeit gewunden sind,
der versteinerte Wirbel
eines Wirbellosen.

140 Millionen Jahre in diesem Feinripp-Gehäuse,
wenn das nicht Geschichte ist:
Ich hab noch gesehen,
wie die mächtigen Panzerplatten
des Stegosaurus die Fluten
meiner Lagune durchpflügten.

Und nun: Verurteilt hier zu hocken
wie eine Kröte auf dem Schreibtisch
eines Mannes, der mich als Junge
aus der Erde klopfte,
ein Fundstück aus dem Flutsaum
der Epochen,

und der mich nun benutzt als Hüter
seiner hingekritzelten
Satzanfänge, seiner Rechnungen
und Belege, deren einzige Gemeinsamkeit
Verfalldaten sind,
über die ich nur lachen kann.

Mein einziger Trost sind die Lebzeiten
meines Besitzers:
nicht mal eine Millisekunde,
in die Währung
meiner Geduld getauscht,
die sitz ich auch noch ab.

Von Zukunft gar nicht zu reden:
Was weiß denn ich,
in welcher Schicht
ich dereinst zu liegen komme,
jenseits der Menschen, also
drei, vier Wimpernschläge später.

Kleines Karo

Natürlich ist man arg frustriert.
Da hat man sich spezialisiert
und nun: nichts zu tun,
ein Arbeitsloser mehr in den Akten.
Ich gebe es zu: Die Wucht dieser Fakten,
die muss man mal so stehen lassen.
Aber sich deshalb gehen lassen?
Mein Herr, das kann es auch nicht sein.
Allein: Es ist schon hart,
wenn man so zart gewebt ist wie Sie.
Das hinzunehmen, diese Akribie,
mit der jetzt eine Trockendüse das absolviert,
was einmal ihre Arbeit war.
Und Sie, mein Herr? Offenbar
degradiert zu niederen Tätigkeiten:
nachwischen, abreiben, drübergleiten.
Ausgemustert trotz des Musters
an Quadraten, sauber wie ein
Schrebergarten: rechteckig
kariert und türkisblau.

Genau: Fast hätt' ich Schmollwinkel
dazu gesagt, wie Sie da hängen,
so verzagt, mein Herr, so abgehakt
am Spülentresen. Umschulung,
das wär's doch gewesen!
Als Zierdeckchen, Kopftuch, Kinderschürze,
flexibel sein, das ist die Würze, ach was,
die Wurzel des Erfolgs.

Man muss nur wollen. Stattdessen
Jammern, Klagen, Schmollen.
Verbitterung, das ist ein böser Fluch.
Mein lieber Herr Geschirrhandtuch,
dazu fällt mir nichts mehr ein,
nicht mal mehr ein reiner Reim.
Das ist, auch menschlich gesehen,
ganz ganz kleines Karo.

Das mit Krups

Das mit Krups geht nicht mehr lange gut.
Die Atemwege: das Rasseln, Röcheln
bei jeder x-beliebigen 8-Tassen-Schicht.

Krups ist alte Schule. Klassische Ausstattung:
Tropfstopp. Schwenkfilter. Einschalttaste.
Kaffee? Schwarz. Mehr ist nicht drin.

Keiner dieser Schaumschläger, die
hochfahren wie das Triebwerk eines Düsenjets
für eine einzige Tasse Cappuccino.

Nie stolz darauf gewesen, eine Crema zu zaubern,
auf der ein Amaretto-Plätzchen 10 Minuten
weich gebettet ist, bevor es sinkt.

Krups kann keine Crema. Krups ist one-trick-pony:
5 Messlöffel Kaffeemehl auf 7 Tassen Wasser.
Das kann er. Darauf versteht er sich.

Aber selbst das läuft jetzt nicht mehr.
20 Jahre volle Kanne. Tausende von Tassen.
Heiß gebrüht. Kalt abserviert. Krups ist fertig.

Mobbing-Ballade

Von allen Haushaltsgegenständen hab ich hier
ja wohl ganz klar den miesesten Job.
Ich bin der Paria, das aussätzige Tier.
Als letzter Dreck verschrien bin ich: der Mop.

Der Mob verkehrt in dunklen Ecken, heißt's ringsum.
So versucht man, Halbwahrheiten aufzutischen.
Natürlich treib ich mich in dunklen Ecken rum,
doch nur, um dort feucht nachzuwischen!

Ich werd' verwechselt, wie ich stark vermute,
und niemand hier, der die Gerüchte stoppt.
Es gibt den bösen Mob, ich bin der gute.
Und doch ist eines klar: Ich werd' gemobbt.

Von Böden, Wänden, Kacheln hallt das böse Wort.
Und ist doch Stammtisch-Tratsch und Tresenjammer.
Der Mob regiert die Straßen, sagt man dort.
Schön wär's. Ich bin nur Chef von einer Besenkammer.

Trotzdem sagt man mir Tricks nach, üble Maschen.
man spricht von fiesen und auch putzigen.
Es stimmt: Mit allen Wassern bin ich gewaschen,
vor allem aber mit den schmutzigen.

Man sei gar Mafia-Kontakten auf der Spur.
Ein Gangster sei ich, glitschig wie ein Fisch.
Ich weiß nicht, was die wollen, ich bin's doch nur.
Hausname: Mop. Vorname: Wisch

Spülmaschinen-Sonett

Bleich ist sie, doch verzieht sonst keine Miene,
sie kommt mir schmaler vor – so geduckt, beengt.
Genau zwischen Herd und Kühlschrank eingezwängt.
Gestatten: meine Siemens Spülmaschine.

Einst war sie Küchenadel, heut' ist sie Wrack.
Wie wirr schon ihre Leuchtdioden blinken.
Die Speisereste zwischen ihren Zinken,
einfach ekelhaft! Der abgeplatzte Lack.

Verschwundener Glanz der Gläser. Kristallklar,
so blitzen doch nur die Symptome, nicht wahr,
der üblen Krankheit, ständig diese Aufs und Abs.

Die Gründe? Nein, die ahn' ich nicht mal flüchtig
Ich weiß nur eins: Sie ist tablettensüchtig.
Da! Sie bettelt wieder: Leute, ich brauch Tabs!

Stimmen der Instrumente

Schon morgens das Gezwitscher beim Betreten
des Badezimmers, die munteren Lockrufe von Kamm
und Seife, wenn sich dieser gut fünfzigjährige Schädel
vor den Spiegel schiebt, ein von zu viel Träumen
und zu wenig Schlaf verwüsteter Planet, hochgeschossen
in die Umlaufbahn eines brandneuen Tages.
Wie geschäftig es summt, das Orchester der Hygiene,
schau, wie sich der Schwingkopf des Rasierers
hinüberneigt zur Zahnbürste, was sie wohl
zu flüstern haben dort auf dem Bord, vermutlich
Sätze wie: Ist das noch Körperpflege
oder schon Resozialisierung?
Wattestäbchen, Waschlappen, Nagelschere,
die Instrumente sind gestimmt:
Ich mache mich fertig. Sie machen mich fertig.

Toaster revisited

Natürlich ist die Erde eine Scheibe,
viereckig, braun verbrannt und leer,
Naturgesetz, das ich gern unterschreibe,
und nun das: Mein Toaster lebt nicht mehr.

Vielleicht hat ihn die Hitze sehr belastet,
er war noch in den besten Jahren – nicht zu alt.
Die Schiebetaste ist für immer eingerastet.
Am frühen Morgen ist er durchgeknallt.

Was soll ich sonst von ihm erzählen?
Ich kaufte ihn in Clausthal-Zellerfeld im Harz.
Er war gewöhnlich weiß und doch: Er wird mir fehlen,
die Ecken, Kanten, sein Humor: pechschwarz.

Nichts, was noch Aufstehen lohnt, nicht mal Kakao.
Nichts, was den Morgen irgendwie zusammenhält.
Nichts schmeckt mehr kross. Sogar das Licht ist flau.
Komm, geh mir weg, toastlose Welt!

Aus dem Pflichtenheft

Beklagt sich vielleicht dieses Weinglas,
dass ich es heute abend schon
zum achten Male bis zum Rand abfülle?

Nein, da herrscht absolute Stille.

Und deine rote Bluse, der ich mit
ungelenker Hand den Knopf abtrennte,
schaut sie etwa tief betroffen?

Nein, sie steht allen Blicken offen.

Und von der Lehne dieses Sofas,
auf der du achtlos deinen Slip drapiertest,
kann man da Beschwerden hören?

Nein nein, das Sofa will nicht stören.

Gegenstände haben ihren Standpunkt.
Sie ruhen in sich und wir in ihnen.
Die Dinge tun einfach ihre Pflicht.

Nur ich kann heute leider nicht.

Acht Postkarten aus einem Svendborger September

When I think of heaven …
I think of flying down into a sea
of pens and feathers.

Counting Crows: „Rain King"

Morgenblende. Kameraschwenk
        ganz langsam über die Wiese,
den Teppich aus Tau, das Fachwerk
        streifen hinauf zum Strohdach
dann innehalten und scharf stellen:
        Kaum blinzelt die Sonne,
betreiben die Kreuzspinnen
        Networking vom Feinsten
zwischen abgeblühten Malven,
        zwischen Türknauf und Briefkasten
weben sie am Tod derer, die
        zu leicht beflügelt den
Spätsommer beschwärmen,
        das Handtuch unterm Arm
gibt dem Tag die Himmelsfarbe vor
        auf dem Weg zum Steg,
der Sund spielt eher ins Silberne,
        kühl klimpernde Münzen,
eine verlorene Klaviermelodie
        und dann der Basso Continuo der
vorbeituckernden Færhrø nach Ærø.

Arbeitszimmer, linkes Fenster, dort wo
das Strohdach tief herunterschrägt:

Schaut man hinaus, blickt man auf einen Birnbaum,
der hat einst Bertolt Brecht schon angeregt.

Er schrieb von ihm, von Strohdach, Türen, Licht
und wie ihn Deutschlands Dunkelheit bewegt.

Was von ihm übrig ist, sind morsche Reste,
totes Holz, der Hauptstamm wurde abgesägt.

Ja was, fragst du, sind das für Zeiten, wo
Brechts Birnbaum keine Frucht mehr trägt?

Schau, das Regal: aus Birnbaumholz,
mit Werken Brechts. In feinstem Leder aufgelegt.

Busbahnhof, Startrampe nach Nyborg und Faaborg,
beschränkt und eingezwängt zwischen Gleisen
und Q8-Tankstelle stehen die Busse in ihren Boxen
geduldig wie Kühe vor diesem leerstehenden Bürohaus
aus den siebziger Jahren. Tief gehüllt ins Plexiglas
ihrer Endhaltestelle, teilen sich zwei Männer
eine aquavitfarbene Wartezeit auf was auch immer,
vielleicht auf das Mädchen im Minirock,
das hier herumstreunt mit seiner Umhängetasche
aus LKW-Plane, das Haar turbinenblau so schwarz,
schlendert's auf einen der Busse zu und kurz bevor
es einsteigt, schnippt es die Kippe knapp
neben seine offenen Doc Martens. Das Abendlicht
legt Sprengladungen in die Fenster des Gebäudes,
das vor gar nicht langer Zeit mal Zukunft hieß.

Kabbelwasser. Meckerwetter,
der Herbst nimmt sich heuer
ungeheuer wichtig, viel zu früh
wirft er den Laubbläser an,
sein Synchronsprecher, ein
steifer Nordwest, erzählt was
von Enthüllung und Wahrheit,
er mag übertreiben, aber
während die Fähren den Sund
hinunter pflügen, legen hier
vorm Fenster die Erlen einen
Strip hin, dass es rauscht.

Bungalowsiedlung Æblehavn: barrierefreier Lebensabend
mit Blick auf den Sund und allem Komfort,
parzelliertes Paradies, vier ZimmerKücheBad,
Terrasse, Garten, das heißt: ein Rasenstück
mit Blumen an den Rändern, nicht zu vergessen
der Mini-Carport für den Elektroroller auf vier Rädern,
mit dem hier scheinbar alle zum Supermarkt
ganz in der Nähe schnurr'n, ansonsten Ruhe,
bis auf die Tage, wenn kommunale Gärtner kommen,
mit Aufsitzmähern, Heckentrimmern und den
Seniorenpark auf Kante schneiden, dann wieder Stille,
kaum jemand zu sehn, da: mal ein Mann, der mit
Rollator die Straße überschlurft, die Hose
auf Halbmast gehisst, zwei Häuser weiter eine Frau
auf ihrem Gartenstuhl, die mit halboffenem Mund
schildkrötengleich den Nachmittag verdämmert,
aber morgens, da blüht hier das Leben,
da summen wie im Bienenstock hin und her
die bunten Autos der ambulanten Pflegedienste.

Regieanweisung eines Sommertags:
Die Sonne soll, so steht's im Drehbuch,
nackt sein und eine Liebesszene spielen
mit dem Fenster, doch sie fremdelt noch.

Sie schickt ihr Körperdouble vor, den Frühdunst,
Fehlbesetzung sondergleichen, dann endlich
taucht sie auf, ganz unfrisierte Diva, typisch:
die warme Müdigkeit der Blonden, unverschämt,

wie sie posiert, sich räkelt auf dem blauen Laken,
ein Aktportrait, so aufgeheizt, dass dafür gar
ein Kampfjet einen fabelhaften Stunt riskiert,
das Bild signiert mit hingeschmierter Unterschrift.

Selbst der Abend, dies abgeranzte Lichtspielhaus,
zeigt noch immer diesen dänischen Kondensstreifen
und wir, wir stehn auf billiges Flimmern, wir gehn
hinein, hungrig nach hitzigen, schmutzigen Bildern.

Spätvorstellung. Logenplatz: Ein Prachtvorhang
mit Glitzerkram vor dieser Leinwand, dann der Film.
Schön anzusehn. Hauptsache aber: Julianne Moore.

Ihr Strahlen. Die an jedermann vergeudete Güte.
Haut wie Rohmilch, rotes Haar. Augen, die dir nachgehn
auf dem Heimweg durch eine Svendborger Nacht,

die dir nachgehn und sehn, wie dir die Kette springt
vom Fahrrad und wie du schieben musst
durch diese Nacht und dann der Blick nach oben:

Ein Kinovorhang, samtschwarz, prächtig
übersät mit Stars und Sternchen, Glitzerkram,
so dass man sich doch unwillkürlich fragt,

was man wohl sieht, wenn dieser Vorhang
aufgezogen wird. Einen Gott? Vielleicht
doch lieber eine Göttin.

Dämmerungsausläufer, der Frachter hat
     seine Positionslichter gesetzt,
schiebt sich den Sund hoch, ihm zusehen
     von der Bank auf dem Steg aus
ihm nachdenken: so hell erleuchtet
     dereinst mal ins Dunkel driften
und kaum ist die Bugwelle
     dieses Gedankens verrauscht,
kehrt Ruhe ein, nur noch das Glucksen
     des schieferfarbenen Wassers,
das Schaukeln vertäuter Ruderboote,
     erst einmal sitzen bleiben und lesen:
einstweilen präsentiert nämlich der Abend
     die Gesammelten Werke des Lichts
in einer dänischen Vorzugsausgabe.

Wer ohne Dunkelheit ist,
der werfe den ersten Stern

Just before our love got lost you said,
„I am as constant as a northern star."
And I said, "Constantly in the darkness
Where's that at?
If you want me I'll be in the bar."

Joni Mitchell: „A Case Of You"

Durchlaufender Posten

Hier zum Beispiel ein Sixpack Jogger
auf nassem Asphalt, Impulsware
auf dem Laufband in leuchtenden
Trainingsanzügen, ferngesteuert
von Knöpfen im Ohr, trennscharf
abgehoben gegen den Horizont,
das Stirnband des Himmels,
den Strichcode des Regens, laufend
Sonderangebote, bunte Streuartikel,
einen Moment lang aufgehellt vom Scan
eines entfernten Blitzes, dann kassiert
eine Nebelbank sie kurzerhand ein.

Unterwegs mit ihr

Ich hab mir die Sprache aufgerissen
beim Übersteigen des Stacheldrahtzauns,
sie hört nicht auf zu bluten.
  Blauschwarzes Hemd, sagt sie,
  blauschwarzes Hemd der Marke Wolke:
  hängt über uns und jemand wringt
  den letzten Zipfel aus.

Jetzt hat sie auch noch Fieber,
an jedem vorstehenden Reiz
entzündet sie sich neu.
  Schau da vorn, eine Wolfsspur, sagt sie,
  zeigt auf eine Wandergruppe
  und tatsächlich: auf jeder Windjacke
  der Abdruck einer Pfote.

Ein ganzes Windjackengeschwader,
eine Regatta bunt geblähter Segel –
ach, jetzt hat sie mich schon angesteckt
  Ich schau hinüber zum abgedroschenen
  Feld mit den verpackten Ballen.
  Sagt sie: Da hat ein Riese
  ein paar Marshmallows verloren.

So geht das immer weiter.
Sie voran. Ich hinterher,
im Sprühregen ihrer Vergleiche.

Nerven blank

Wie gespannte Überlandleitungen,
während der Juli wie üblich
seine lange Abendlichtmesse las.

Einer von uns hatte eine Erscheinung,
doch bei näherem Hinsehen
war es nur eine Prozession

von drei Mähdreschern, saatengrün
leuchtend gegen die Dämmerung
mit dem Heiligenschein aus Strohstaub.

Hinter der nächsten Kurve plötzlich
die Schranke eines Bahnübergangs,
die herabfiel wie eine Filmklappe

und auf einmal eine ganz andere
Einstellung: Stille, in die sich
der nahende Güterzug mischte.

Im Vorbeirauschen sagte einer
leere Viehwaggons und diese Worte
hallten noch nach im Fond, als

der letzte Waggon längst durch war:
Wie automatisch die Signale hoch gingen
und die Gedanken weiter ratterten.

Vom spurlosen Verschwinden der Sehnsucht

Irgendwas musste passiert sein: Als der Konvoi
schwerer dunkler Wolken schließlich vorfuhr,
hatten sich die Hortensien längst ausgetobt
an der Hauswand, im Garten schwieg
das nachlässig gespannte Volleyballnetz
zu den Vorgängen, nur die Terrassentür
knarrte im Windzug hin und her.
Auf dem Tisch draußen eine halbvolle
Flasche Weißwein, darin zwei tote Wespen,
kühl beseitigte Augenzeugen.
Während der Abend ausblutete,
pritschten das Schreckliche und das Schöne
sich lässig einen unsichtbaren Ball zu.

Der wiederkehrende Traum

Ein See und wie sanft
der Morgen
darüber hinweg geht,
    eine Milchhaut bildet,
        sein kühler Atem
        eine leise Ermunterung,
    Anlauf zu nehmen
        auf dem Steg,
            kopfüber einzutauchen
    in diese Menschenleere.

Und dann
  beim Absprung aus den Augenwinkeln
    sehen, dass da etwas ist
        im Wasser
    und – schon in der Luft –
        erkennen: es ist
            ein ertrunkener Hirsch,
    dicht unter der Oberfläche
sein Geweih,
    die hervorquellenden Augen.

Und dann
    das Strampeln der Beine,
das Rudern der Arme,
            das Aufbäumen,
um noch im Fluge
den Sprung rückgängig
    zu machen, umzukehren,

die verwitterten Planken des Stegs
   noch zu erreichen:
                                trockenen Fußes.

Und dann
beim Aufwachen das T-Shirt:
                                klatschnass.

Morgenandacht

Mit offenem Verdeck durchfuhr der Morgen
die Straßen, aufgepumpt, als habe er
über Jahre Gewichte gestemmt.

Sein Polohemd spannte an den Schultern,
und ließ Blautöne hervortreten
wie die Adern seiner Unterarme.

Wie er sich aufbaute vor den Fenstern
unseres Frühstücksraumes, die Muskeln
wie in Öl gemalt, so glänzend, dass selbst wir,

vertieft in stiller Andacht
in die Gebetstäfelchen unserer Handys,
augenblicklang die Köpfe hochnahmen.

Dagegen der Abend: Verschämt von Tisch zu Tisch
eilend, mit der lichtlöschenden Gesichtsfarbe
und dem flehenden Blick des letzten tamilischen

Rosenverkäufers.

Reizhusten schmirgelt das Licht,
die letzten Tage im August
einer wie der andere so glatt
und schimmernd aufgereiht:
Perlen einer Gebetskette,
die durch nervöse Finger läuft.

Ein Königreich für ein Stück
Stacheldraht, durch den Hals
gezogen, quer durch das
Rachengold der Sonnenuntergänge,
damit es aufhört,
dieses Summen im Kopf.

Oder sind's die Wespen,
die für Streuobstwiesen
schwärmen, wenn der Sommer
seine letzten Habseligkeiten
verprasst, die erhöhte Temperatur,
die entzündeten Dahlien.

Muss denn hier jeder mit
seinen überreifen Früchten
prahlen? Nur die verhüllten
Kastanien stacheln schon leise
den Herbst an. Ein Königreich
für einen Schluck Kastanien.

Panorama einer Stadt, die es nicht gibt

Fast hätt' ich von der Promenade aus
die Sperren der Sparrenburg überwunden,
hätt' von der Brüstung hinab
den Blick in den Abend gewagt.

Dann hätt' ich Kirchtürme erblickt,
Dübel, in den Himmel gehämmert,
festzunageln den letzten Rest
Helligkeit oder Heiligkeit,
so genau hätt' ich das im Zwielicht
nicht zu erkennen vermocht.

Aber die Dämmerung hätt' ich gesehen,
wie sie Dunstschleier
hinter sich herzog und wie darin
plötzlich Lampen aufglühten,
Straßenzug um Straßenzug entflammt,

das wäre ein Bild gewesen:
Schwimmkerzen, dahin treibend
auf einem Netz von Kanälen,
Teller aus Licht, serviert
von einem trägen Nebelfluss.

Fast wär' ich darüber ins Schwärmen
geraten, hätte die Stadt denn
Kanäle gehabt, einen Fluss gar,
ich hätte sie glatt nicht mehr
wiedererkannt oder Heimat genannt,

wär' da nicht ihre Stimme gewesen,
die Stimme einer Stadt, die es nicht gibt
und die mir gesagt hätte:
Ist gut, Junge, mach halblang.

Aus der Reihe „Dialekt-Konfekt" heute:
Wattenscheider Praliné

Hömma samma geez noch?
Watt sachstu zu mier? ‚Faul'?!
Kommdo mier nomma röberdo,
krissewatt aufs Maul!

Kumma, gezz vapissta sich.
Gezz hatter richtich Schiss.
Vor eim, der ganz orntlich watt
an PS inne Aame hatt
und: 'n Wessfale iss.

Ode an den Schlenzer

Allein schon das Momentum,
       wenn – um's genau zu nehmen – gut
       58 Muskeln sich versammeln
       auf kleinstem Raum mit 26 Knochen
       und Knöchelchen samt dem Geflirr
       von Sehnen und Bändern sich:
       einfach hier versammeln,
       hier unten im Ballungszentrum des Fußes
       und beschließen, hier und jetzt,
       in der 59. Minute – um exakt zu sein –
       aus, sagen wir 18 Metern Entfernung
       dich zu erschaffen: ein Kunstwerk.
       Ein Werk, halb Standbein, halb Spielbein,
       eins, das den Leuten im Stadion
       synchron das Maul aufreißt
       wie einem Schwarm Fische,
       eins, von dem man schwärmt
       noch Wochen später,
       eins, das in slow motion mit
       jeder Wiederholung schöner wird,
       eins, das

Allein schon das Eintrittsgeld
       wert ist: Die Technik, den Ball
       mit einem kleinen Teil des Fußes
       nur zu treffen, geschätzt kaum mehr
       als drei, vier Zentimeter,
       halb Spann, halb Innenrist, damit der Ball
       den Drive nach vorn kriegt,

den Zug zum Tor. Doch das ist nur
die halbe Kunst, der Rest heißt
Schnitt, heißt Dreh: Effet, damit der Ball
den Drall bekommt, nach außen erst
zu drehn und dann nach innen:
ein Kunstwerk der Ballistik, das
– um's glasklar zu machen –
halb geschossen, halb geschoben
die Flugbahn so elliptisch lenkt,
dass jeder hier im Stadion denkt:
der Schuss ist knapp vorbei gezogen,
bevor der Bogen sich plötzlich
nach innen senkt, zum Tor hin,
so atemberaubend, dass

Allein schon die Lässigkeit
des Fluges – um's rundheraus zu sagen –
die Zunge schnalzen lässt. Und erst
dein Name: Schlenzer. Da winkt
von fern der Stenz her, das Schlitzohr,
der Schlaks mit schlenkernder Bewegung,
ja auch der Schlendrian klingt an,
das schlamperte Genie, aus dem
Fußgelenk geschüttelt: Nirgends sonst
wirkt Präzision so hingeschludert
wie bei dir: dem Schlenzer, dem Schrecken
aller Torhüter, dem Liebling aller Spitz-
und Hackentänzer, wenn du
unfehlbar, wie auf einer Umlaufbahn,
dich auf den Winkel zu bewegst
und quer der Torwart, der's zu spät

geahnt, die Luft durchschneidet mit
gespreizten Handschuhen, dass es
die Leute von den Sitzen hebt,
aufgerissenen Auges, magisch Gebannte
und dann: Nur Latte. Unterkante.

Allein schon der Torschrei
der nicht geschrien wird, weil er abrupt
gestoppt auf Tausenden von Lippen, ist
implodierte Energie, ein Mundvoll Luft:
jäh verstummt, dann verstimmt, herunter
gedimmt zum Grundton der Enttäuschung.
Klar ist – um präzis zu sein – ein Zentimeter
fehlte zur absoluten Präzision,
ein Zentimeter nur, der ein Genie
zum Trottel macht, der – um es
auf den Punkt zu bringen – ein Kunstwerk
aus entschlossener Physik und allerfeinster
Geometrie verkommen lässt
zur plumpen Pose, ein Kreuz ist's
mit dem Lattenkreuz: ein Zentimeter,
ein Buchstabe nur und aus dir, dem großen
Schlenzer, ist ein Schlunzer geworden:
schlapp, abgetropft – und aufgetrumpft
hat nur der Gegner. Und wer ist schuld?
Nur du, Idiot. Du Schlunzer. Lachfigur
der Lässigkeit. Großer Chance-Verhunzer.

Abendandacht

Kaum war die Sonne abgetaucht,
knickte der Abend das Licht,
brach sich ein Stück von der Nacht ab
wie einen Riegel dunkler Schokolade.

Und wirklich: Eine Zeitlang
verloren unsere Sätze alles Bittere.

Wir nahmen den Weg am Watt entlang,
begleitet von den scharf geschwungenen Flügen,
mit denen Kiebitze die Dämmerung vermaßen.

Für kurze Zeit waren wir bereit,
an etwas zu glauben, das Wir hieß.
Das Hier hieß. Dann kamen die Jogger.

Mit ihren Schweißbändern und
hurtigen Höschen kamen sie, ihre Körper
Wiederaufbereitungsanlagen der
eigenen Fitness, atmungsaktiv,

kein Ohr für die Stille, kein Auge fürs Meer,
durchkeuchten sie eine Landschaft,
die für sie nichts war als Strecke
           Strecke
             Strecke.

Distanzen. Stimulanzen

Je tiefer die Dunkelheit, desto wacher im Cockpit
dieses Audi A6 auf der A 7 nordwärts, die Nacht knistert
wie Kandis, dem man Tee zufügt oder Geschenkpapier,
in das Sterne verwickelt sind, überhaupt: eine Nacht,
durch die man gleitet wie durch einen Ärmel
schwarzer Seide, vorbei an polnischen Einsamkeitspiloten
in ihren 40-Tonnern, an russischen, tschechischen,
dänischen, rumänischen Lastkähnen und Mautseglern
vorbei und Kilometer fressen, Entfernungen schlürfen
wie den Tee, natürlich schwarz, natürlich nur kurz
aufgebrüht, genau das Richtige für dieses Überwachsein,
es könnte immer so weitergehen, immer schneller,
keep the car running, auf einmal dieser kristallklare
Moment der Unerschöpflichkeit:
Wer ohne Dunkelheit ist, der werfe den ersten Stern,
dann wieder volles Augenmerk auf die Fahrbahn
und sich den Mittelstreifen reinziehn wie eine endlos
lange Linie Kokain.

Die Einschläge, sagst du
und vollendest den Satz nicht

Beyond here lies nothin'
nothin' we can call our own.

Bob Dylan: „Beyond Here Lies Nothin'"

Brennender Mercedes auf der A 2

Die ganze Zeit fuhr stur ein Augustabend vor uns her
mit seinem Tieflader voll Wolken, ein Schwertransport,
der nicht überholt werden konnte.
So schoben wir uns die nächste Steigung hoch,
als kurz vor der Kuppe wir schon die Rauchsäule sahn,
kerzengerade stieg sie auf und kaum warn wir übern
Berg, hinter der Kuppe das Coupé, lichterloh
auf der Gegenspur ein abgestürzter Stern
mit Flammenschweif, von einer Sekunde
zur andern herauskatapultiert aus der Umlaufbahn
eines ganz normalen Sonntags.

Das Blaulichtorchester hatte schon seinen Einsatz,
irgendjemand deckte irgendjemand mit einer Folie zu,
ruhig geschah das, mit geübten Handgriffen, und selbst
die Neugier, die zu Anlässen wie diesen sonst ganz groß
auffuhr, nahm sich zurück hinter den Ernst
der wenigen Schaulustigen, zu denen
der Augustabend nicht zählte, die Wolken
schoben sich weiter, wir hinterher.
Von vorn raste die Feuerwehr heran, im Rückspiegel
die Rauchsäule, immer noch senkrecht aufsteigend
wie bei einem Opfer, das Gott gefällt.

Hinter den Leitplanken

Flimmern, Flieder, Böschungsfieber, nur ein paar Meter
später setzt Stille ein, ohrenbetäubend, die Blicke
gelindert von wilder Kamille, das Gelände
eines Spätnachmittags dehnt sich hinüber
zum Waldrand und dort, unterm Totholzmikado
abgeknickter Äste, ein Körper versteckt und nur
entdeckt von der Sonne, die sich mit einer solchen
Sorgfalt des Gesichtes angenommen hat,
dass die Fliegen davon schwärmen, das Geschäft
brummt in diesem Wort: Auffindeort,
den heute niemand finden will.

Morgen vielleicht, vielleicht morgen lässt der Sommer
Girlanden flattern, da leuchten die Absperrbänder und
Männer in weißen Plastik-Overalls schreiten ernst
wie Stelzvögel durchs Unterholz, picken im
Brombeergestrüpp nach Taschentüchern, Coladosen,
Zigarettenschachteln. Einstweilen aber nur
Geschmeiß und grünes Schillern: Alles hier
will den Abend mit Furore begehn, die Lupinen wiegen
sich im Takt, die Kohlmeise zieht den Lidstrich nach.

Erhöhtes Märzaufkommen

Wie frühreife Gören stehen sie herum
in den Parks, die ersten sonnigen Tage,
und man weiß nicht so recht: Sind sie
nur ungeschickt geschminkt oder
wurden sie ungeschminkt geschickt?
Jedenfalls: Blass sehen sie aus,
verfroren in den zu kurzen Röckchen.
Aber unverfroren blinzeln sie herüber,
trotzig und trotzdem leicht schwankend,
berauscht vom gelben Gift der Osterglocken.
Oder was sonst alles blüht. Der Krebs
im Kreis der Freunde und Bekannten.
Die Einschläge, sagst du und vollendest
den Satz nicht. Das Frühjahr trägt
ein buntes Kopftuch überm falschen Haar.
Wie alles wächst. Und ich kann nichts
dagegen tun. Schweigend sehe ich
einem Marienkäfer zu und sofort
schnellt das schlechte Gewissen hoch:
Wie eifrig er krabbelt. Wie fleißig
er ist beim Sammeln der Treuepunkte.

Weiß der Himmel
    was der Schlag sollte
  selbst Mutter verschlug es die Sprache
weiß
    der Himmel
        mitten im August
    die hingetupfte Wolkenwatte
  stillt nicht die Blutung
        im ausgeplünderten Wortschatz.

Kontinente, weggerutscht

Finke.
  Breder.
    Strothe.
     Wörmann:
die Namen der Nachbarn
     ein Abzählvers
   entlang der Straße
   auswendig aufgesagt
       auf der Fahrt
durchs alte Viertel.

 Hier an der Ecke
   haben Brüggehofes
       neu gebaut.
  Hier der rote Konsum
    vom alten Hanning,
   wo wir nicht kaufen durften.
  Hier wohnten Dopheides.
     Elsbeth starb früh an TB.

     Der Zeigefinger tackert
    die Meldungen
      der Vergangenheit
      en passant
  an die Häuser.

    Die Gegenwart hingegen:
weggerutscht, ganze Kontinente
    unter Packeis,

die Verschiebung
        tektonischer Platten,
    Persönlichkeitsschichten,
    durchlässig geworden, mürbe.
Der Glaube, einst ein feste Burg:
        geschleift. Freude?
    Eine heillose Anstrengung.

Aber gestochen scharf
        die Erinnerung
    an den Schmerz, als der
    Straßenbahnfahrer sie hoch hob
        an den Ohren,
    weil sie diesen Jungen verdrosch
        mitten auf den Schienen
        vor über 80 Jahren.
    Warum?
            Weil er katholisch war.

Lebenslauf eines Unbekannten

Aufgelesen an einer Landstraße nahe Lüneburg
im sirrenden Sommer '45, gestoppt
von einer englischen Militärstreife.
Fast hätten sie ihn erschossen,
als er nicht hörte auf ihre Kommandos.

Taub, stumm, die Augen vernickelt
von einer notdürftig verdrahteten Brille,
so schlurfte er da lang, staubpaniert,
in einem Anzug, den nur noch
Schweißränder zusammenhielten.

Alter schwer zu schätzen, Mitte 20
vielleicht, unfähig zu lesen, zu schreiben,
nichts aus ihm herauszubringen,
nur dieser verstörte, flackernde Blick,
weil man zu viel von ihm wollte.

Man gab ihm einen Namen fürs Erste
und aus ihm, dem namenlosen
Unbekannten, wurde ein Unbekannter
namens Fritz, fürs Rote Kreuz
der Vorgang 57/813.

Irgendwo hergelaufen, nirgendwo
hingehören, also ins Heim.
Vergebens die Suche nach Verwandten,
nach Jahren schließlich abgebrochen.
Ergebnislos. Ergebnis: Fritz blieb hier.

Er hatte ein Händchen für den Garten,
die fliegenden Finger schreckhaft
wie ein Schwarm Stare, eines Abends
sah er, wie jemand Klavier spielte,
etwas von Beethoven, seine Finger

spielten verrückt am Saum der Jacke,
auch wenn er nichts hörte, warf er
den Oberkörper hin und her,
weil das Klavier ihn an etwas erinnerte,
das er nicht sagen konnte.

Fritz liebte Wasser. Bei einem Ausflug
ans Steinhuder Meer brummte er
vor Vergnügen, schaukelte das Boot,
dass es fast kenterte. Als käme er
von der Küste, sagten manche.

Abends saß er oft auf der Veranda,
rauchte Reval ohne Filter, aus der
Brusttasche seiner Jacke ragte
ein Jazzbesen, das Geschenk
des Schlagzeugers einer Tanzkapelle,

die hier einmal gespielt hatte
vor langer Zeit, Flamingos ihr Name.
Über Stunden hatte Fritz auf der
Tanzfläche gestanden, barfuß,
um den Rhythmus zu spüren.

Irgendwann im letzten Herbst
stellte man etwas fest bei ihm,
einen Schatten, es sah nicht gut aus,
man operierte, danach ging es
ihm schlechter, die Lippen blau.

Er brummte nicht mehr, manchmal
entfuhr ihm ein kläglicher Laut,
sein Körper schnurrte zusammen,
man brachte ihn noch einmal
ans Steinhuder Meer.

Er starrte auf die graue Wasserfläche,
Möwen streiften seinen Blick.
Mitte März schließlich starb er.
Die Beerdigung verregnet, ein paar
Schirmherrschaften als Trauergemeinde.

Der Pfarrer erzählte etwas von
der Heimkehr des verlorenen Sohnes,
fragte am offenen Grab,
ob noch jemand etwas sagen wolle.
Niemand trat vor.

Vorstellung vom Ende

Also du kommst gerade aus der Küche
mit einem Becher Tee, belegten Broten,
da sitzt er in deinem Korbsessel,
die Beine lässig gekreuzt:
schwarzes T-Shirt
                schwarze Jeans
                                schwarze Biker-Boots.
Du kennst ihn nicht, doch weißt du sofort,
wer er ist, wer ihn hereingelassen hat
und was er will.

Er mustert dich mit einem Blick,
der alles schon gesehn hat, einer Miene,
die alle Fragen kennt, natürlich auch
die drei berühmten Schwestern:
warum hier
                warum jetzt
                            warum ich.
Er sitzt und schweigt und wartet
nur darauf, unmerklich lächelnd, dass du
die Nummer aufführst mit dem Trio.

Doch den Gefallen wirst du ihm nicht tun.
Haltung, denkst du, Schultern staffeln,
Hände beruhigen und dann
nur den einen Satz:

na komm

        bring's schon

                hinter dich.

Und sollte dir dabei die Stimme versagen:
Hinsetzen und Tee trinken
in kleinen, heißen Schlucken.

Ende der Vorstellung

Oder es wird anders kommen.
Es wird ein unerklärter Krieg sein
und du ein General vor einer Karte,
der ratlos die Figuren schiebt:
                    Luftarmeen
           Phantomflieger
Stecknadelköpfe
die Frontbegradigungen Tag für Tag
und du merkst nicht, dass dies nur
Rückzugsgefechte sind.

Du redest von Gewohnheiten,
den kleinen Geländegewinnen
des Alltags, doch die Kampflinie
verläuft schon längst durch
                  deine Straße
          dein Haus
deine Wohnung
immer enger die Kreise, die du noch
abschreiten kannst, immer länger
die Parade täglicher Verluste.

Dann eingekesselt im Zimmer
auf Kringel von Tapeten starr'n,
Pläne? Nein. Bewegung? Ach,
wer spricht von gehen –
             erst stehen
       dann sitzen
dann liegen

nur noch Bilder vor Augen, die dich
seit je getröstet: Kühe im Morgendunst.
Kirschbaumalleen. So was halt.

Anmerkungen

Jedes Kapitel dieses Bandes wird durch ein englischsprachiges Songtext-Zitat eingeleitet. Damit statte ich der Rockmusik im Allgemeinen und Singer-/Songwriter-Lyrics im Besonderen meinen Dank dafür ab, dass sie mich zum Schreiben von Gedichten gebracht haben.

Madrigal, Seite 11

Die „Kopfstimme des Sängers" bezieht sich auf den Song „Charlie Darwin" der amerikanischen Band The Low Anthem. Das Ende ist eine Anspielung auf Songzeilen aus dem Song „Walking In Memphis" von Marc Cohn.

Die Vereinigten Staaten von Susanna, Seite 20

Der Vergleich der „getüpfelten Nachmittage" mit „Leopardinnen" stammt im Original aus dem Gedicht „abermals steckst du die stunden in brand" von Gerhard Falkner.

Offshore, Seite 56

Die ersten Worte „Ja, Panik" nehmen den Namen einer deutsch-österreichischen Band auf und nutzen ihn als Reibefläche für einen kleinen, aktuellen Sinn-Diskurs.

Arbeitszimmer, Seite 76

Das Regal in Brechts Arbeitszimmer ist in Wirklichkeit natürlich nicht aus Birnbaumholz.

Busbahnhof, Seite 77

Der Schlusssatz spielt auf eine Wendung der englischen Lyrikerin Zoë Skoulding an. Auch in ihrem Gedicht „The building constructed from it's own fall" ist von der Vergangenheit der Zukunft die Rede.

Der wiederkehrende Traum, Seite 89

Das Bild vom ertrunkenen Hirsch im See ist eine Traumsequenz, die mich seit dem Film „Der mit dem Wolf tanzt" immer mal wieder begleitet, weil dort eine ähnliche Szene vorkommt.

Morgenandacht, Seite 91

Die „Blautöne" sind eine Referenz an eine Passage aus Gerhard Falkners Gedicht „Innere Tage".

Ode an den Schlenzer, Seite 96

Dieses Fußballgedicht ist im März 2006 erstmals in der ZEIT abgedruckt worden. Es wurde außerdem 2006 für das Hörbuch „Dichter am Ball" ausgewählt – erschienen im Eichborn-Verlag.

Distanzen. Stimulanzen, Seite 100

Die kursiv gesetzte Passage „keep the car running" zitiert den gleichnamigen Song der Band Arcade Fire aus ihrem Album „Neon Bible".

Hinter den Leitplanken, Seite 104

Das schöne Wort „Totholzmikado" stammt von der Lyrikerin Jutta Over.

Lebenslauf eines Unbekannten, Seite 109

Die Geschichte, die diesem Gedicht zugrunde liegt, ist die deutsche Adaption eines Schicksals, das sich in den Vereinigten Staaten zugetragen hat. Eine Zeitung hat darüber berichtet, die amerikanische Songwriterin Mary Chapin Carpenter hat aus dem Artikel den Song „John Doe No. 24" gemacht.

Inhalt

Zum Tee wurden feinste Schneebemerkungen gereicht

Die Zeit zwischen den Jahren   7
Das war ein böses Jahr   8
Ins Ungewisse   9
Winterwartungsarbeiten   10
Madrigal   11
Weiße Metaphysik   12
Die langen Winter   13
Fassungen. Fassaden   14
Gegenüberstellung   16

Es sind schon aus weniger Gründen Herzen geschlagen worden

Vom Verlieren einer Schönheit,
die nichts von sich weiß   19
Die Vereinigten Staaten von Susanna   20
Unschärferelation   23
Fingerkuppenflug im Weltraum zwischen
deinen Schulterblättern   24
Rasche Handbewegung   25
Vom Kommen. Und Gehen   27
Method Actress   29
Erdbeerstandmädchen   30
Gedicht mit Schnitt   31
Umsteigerterminal   32

Manhattan in the meantime

Die Sekretärin von der Lexington Avenue 35
For loading and unloading only 36
Wendy (im Star Diner) 37
Lower East Side Story 38
Jeannie zaubert im Beekman Tower 40
Im Vorübergehen 42

Weiter vorn verteilt einer mit Traktaten Weltanschauung to go

Himmel. Herrgotts Homepage 47
Glück ist die Sekunde davor 48
Powerpoint-Karaoke 49
Ist das noch ein Gedicht oder schon
eine Freisprechanlage? 50
Hohe Tiere I – III 51
Contenance/Verlust 54
Offshore 56

Die Dinge tun einfach ihre Pflicht
Zwölf profane Haushaltsgedichte

Mein Toaster 59
Schnippe, Schneppe, Tülle 60
Mikrowelle Mikrowelle 61
Aschenbecher von zweifelhafter Vergangenheit 62
Beschwerde eines Briefbeschwerers 63
Kleines Karo 65
Das mit Krups 67

Mobbing-Ballade 68
Spülmaschinen-Sonett 69
Stimmen der Instrumente 70
Toaster revisited 71
Aus dem Pflichtenheft 72

Acht Postkarten aus einem Svendborger September

Morgenblende 75
Arbeitszimmer 76
Busbahnhof 77
Kabbelwasser 78
Bungalowsiedlung 79
Regieanweisung 80
Spätvorstellung 81
Dämmerungsausläufer 82

Wer ohne Dunkelheit ist, der werfe den ersten Stern

Durchlaufender Posten 85
Unterwegs mit ihr 86
Nerven blank 87
Vom spurlosen Verschwinden der Sehnsucht 88
Der wiederkehrende Traum 89
Morgenandacht 91
Reizhusten 92
Panorama einer Stadt, die es nicht gibt 93
Wattenscheider Praliné 95
Ode an den Schlenzer 96
Abendandacht 99
Distanzen. Stimulanzen 100

Die Einschläge, sagst du und vollendest den Satz nicht

Brennender Mercedes auf der A 2   103
Hinter den Leitplanken   104
Erhöhtes Märzaufkommen   105
Weiß der Himmel   106
Kontinente, weggerutscht   107
Lebenslauf eines Unbekannten   109
Vorstellung vom Ende   112
Ende der Vorstellung   114

Anmerkungen   117

Hellmuth Opitz, geboren 1959, lebt in Bielefeld und arbeitet als Kreativdirektor in einer Werbeagentur.

Lieferbare **Gedichtbände** im Pendragon Verlag: „Engel im Herbst mit Orangen" (1996, 2. erweiterte Auflage 2006), „Gebrauchte Gedichte" (2003), „Die Sekunden vor Augenaufschlag" (2006), „Die Dunkelheit knistert wie Kandis" (2011).

Hörbücher: „Gebrauchte Gedichte", vorgetragen von Hellmuth Opitz mit Gedichtvertonungen von Ulrike Gehrold, Pendragon Verlag 2004, „Frauen. Naja. Schwierig.", zusammen mit Matthias Politycki und Steffen Jacobs, Hoffmann & Campe, 2005.

Videoclips zu einzelnen Gedichten sowie Interviewpassagen von Hellmuth Opitz im Gespräch mit Anton G. Leitner zum Thema „Werk, Wirkung, Wirklichkeit" finden sich unter www.dasgedichtclip.de, dem Lyrikkanal von youtube.

Weitere Informationen, Hintergründe und Termine unter www.hellmuth-opitz.de

Pendragon Verlag
gegründet 1981
www.pendragon.de

Gedruckt auf holz- und säurefreiem Naturpapier

Originalausgabe
Veröffentlicht im Pendragon Verlag
Günther Butkus, Bielefeld 2011
© by Pendragon Verlag Bielefeld 2011
Alle Rechte vorbehalten
Umschlag & Herstellung: Uta Zeißler (www.muito.de)
Umschlagfoto: ©adpic, P. Lange
Satz: Pendragon Verlag auf Macintosh
Gesetzt aus der Adobe Garamond
Druck: Aalexx Buchproduktion, Großburgwedel
ISBN 978-3-86532-278-4
Printed in Germany

Engel im Herbst mit Orangen
von Hellmuth Opitz

96 Seiten, Paperback, Euro 9,90
ISBN 978-3-86532-047-6

In diesem Jahr
wollte der Sommer
einfach nicht gehen.
Der September stellte
schon seine Stühle
hoch, meine Geliebte
hatte Geburtstag und
noch immer spendierte
er eine Runde wolken-
losen Himmel nach
der andern.

*»Opitz gelingt es immer wie-
der, alltägliche Gegenstände
und Begriffe lyrisch aufzula-
den.«*

Rheinische Post

P E N D R A G O N - Verlag

Die Sekunden
vor Augenaufschlag
von Hellmuth Opitz

128 Seiten, Hardcover, Euro 12,80
ISBN 978-3-86532-051-3
Auch als eBook erhältlich.

Große Kreuzung nachts um vier
und der Regen lässt nach wie der Glaube,
dass in dieser Stunde das eigene Dasein
von irgendetwas anderem
zusammengehalten wird
als diesen beiden Sakkoknöpfen.

»*So etwas zu schreiben, so
fraglos in seiner Leichtigkeit,
ist wahrlich nicht leicht.*«
Ulrich Greiner | Die Zeit

„*Wie Opitz da mit tänzeri-
scher Eleganz ohne großen
Sprachaufwand poetischen
Stimmungen zu beschwören
und eindrucksvolle Bilder zu
malen versteht, ist aller lite-
rarischen Ehren wert.*"
Uwe Wittstock | Die Welt

P E N D R A G O N - Verlag ⸻